# 43 Entrü [illegible]



Glück und [illegible] kaufen. M[illegible] nachhaltige Erfüllung. Doch wir stopfen Wohnungen und Häuser unablässig mit weiteren Dingen zu. Überprüfen Sie sich selbst. Haben Sie auch in jedem Zimmer ein Fernsehgerät? Wozu brauchen Sie das im Schlafzimmer? Muss wirklich jedes der Kinder eine ganze eigene technische Ausstattung haben? Müssen Sie alle Zeitschriften sammeln? Was machen Sie mit den vielen CDs, die Sie noch nicht gehört haben? Mit vierzig Paar Schuhen, von denen die meisten nicht passen? Wann brauchen Sie die Eismaschine, den Dampfgarer, den elektrischen Dosenöffner, den Eierkocher, die Saftpresse, die Joghurt-Maschine? Unnötigen Ballast sollten Sie beseitigen – nicht nur, weil Sie ihn nicht brauchen und er Ihre Umgebung verstopft. Das überflüssige Zeugs hindert Sie auch daran, mehr Zeit für sich selbst aufzuwenden. Es vermindert Ordnung und verursacht Stress. Also: Weg damit.

**Weniger ist mehr.**

43

41

# 41 Gehen Sie achtsam mit sich um!



Der Begriff Achtsamkeit rückt heute mehr und mehr ins Blickfeld. Damit ist mehr gemeint als nur die Aufmerksamkeit, die wir dem Leben und uns selbst zuwenden. Sie ist verbunden mit Konzentration, Vorsicht und Ehrfurcht vor dem Leben. Ihr Ziel ist der Gleichklang von Körper, Geist und Seele, im eigenen Leben heimisch zu werden, authentisch zu sein. Dieses Einfühlungsvermögen in uns selbst wirft auch sein Licht nach außen. **Je mehr wir in uns zu Hause sind, desto gelassener begegnen wir auch den Stärken und Schwächen anderer Menschen.** Wir bringen ihnen die Wertschätzung entgegen, die sie verdienen, weil wir uns selbst wertschätzen. Wir brauchen sie nicht als Projektionsfläche für eigene Schwächen, nicht als Prügelknaben für eigene Unzulänglichkeiten.

Authentische Menschen sind zufriedene Menschen. Sie verfügen über eine gesunde Portion Egoismus als Teil ihrer Gelassenheit und ihres natürlichen Selbsterhaltungstriebes. Achtsamkeit führt zur Dankbarkeit für das Leben. In jedem Augenblick.

# 40 Bewusst in jedem Augenblick!



Wenn Sie Ihre Selbstwahrnehmung schärfen wollen, wie der Zen lehrt, probieren Sie es einmal mit der Geh-Meditation:

Lenken Sie Ihre ganze Aufmerksamkeit bewusst nur auf das Gehen und alle damit verbundenen Empfindungen. Fühlen Sie, wie Sie einen Fuß nach dem anderen auf den Boden setzen und belasten und Ihr Gewicht verlagern, das andere Bein anheben und so weiter. Sie beobachten einfach sich selbst und Ihr Befinden, ohne etwas zu bewerten. Wenn Sie sich völlig auf das Tun im Augenblick konzentrieren, wird der normalerweise ständig fließende Gedankenstrom unterbrochen. So kann sich der Teufelskreis negativer Gedanken und Gefühle auflösen. Vielleicht spüren Sie, dass Sie den Augenblick bewusster wahrnehmen und intensiver leben. **Denn wir können in Wirklichkeit nur den Augenblick leben, nichts anderes**. Diese tiefe Erkenntnis wird Ihr Leben verändern. Lernen Sie, den Augenblick zu genießen. Verbieten Sie Sorgen, zwanghaften Gedanken, Grübeleien und Zukunftsängsten weiterhin an Ihnen zu nagen. Genießen Sie sich so, wie Sie jetzt sind.

40

# Lernen Sie die Kunst der Entschleunigung!

Zeit – wie oft wünschen wir, dass der Tag mehr als 24 Stunden hätte, damit wir all unseren Verpflichtungen nachkommen können. Üben Sie sich in Ruhe:

**Fühlen Sie** beim Aufwachen Ihren Puls oder lauschen Sie Ihrem Herzschlag.
**Versuchen Sie** zu ergründen, welcher Rhythmus Ihnen am nächsten kommt, verändern Sie Ihren Tagesablauf entsprechend.
**Versuchen Sie** nur eine Sache auf einmal zu tun.
**Machen Sie** eine Liste der Dinge, die Sie tun wollen. Streichen Sie diejenigen, die nicht wirklich wichtig sind.
**Zerteilen Sie** einen Berg Arbeit in kleine Häppchen und gehen Sie Schritt für Schritt vor.
**Lernen Sie** Zeitlöcher zwischen zwei Aktivitäten zu erkennen und sie bewusst für sich zu nutzen. Es gibt mehr Zeitlöcher, als Sie denken, in denen Sie Ihre Gedanken auf die Reise schicken können.

*Wirkliche Zeit ist zweckfrei, aber nicht sinnlos. Lassen Sie freie Zeit unverplant.*

42

# 39 Hauchen Sie Ihrem Atem Leben ein!

Bei vielen Übungen zur Entspannung, Visualisierung oder Meditation stehen Atemübungen am Anfang, die Körper und Seele frei machen sollen:

Setzen oder legen Sie sich bequem hin, lassen Sie Ihre Augen noch einmal durch den Raum schweifen und nehmen Sie alles wahr. Nun schließen Sie die Augen und wenden Ihre Aufmerksamkeit bewusst nach innen. Spüren Sie die Stellen, an denen Ihr Körper den Boden berührt und wie Sie von ihnen getragen werden? Lassen Sie ein Gefühl von Geborgenheit und Wohlbefinden in sich wachsen. Richten Sie Ihre Aufmerksamkeit völlig nach innen. Atmen Sie tief ein und aus. Begleiten Sie Ihren Atem auf seinem Weg. Sie atmen frische Luft und neue Lebensenergie. Altes, Verbrauchtes und Negatives verlässt Ihren Körper. **Mit jedem Atemzug reinigen Sie sich.** Ihre Brust und Ihr Bauch heben und senken sich. Sie werden mit neuen Energien versorgt, ohne dass Sie etwas dafür tun müssen. Laden Sie Ihren Körper ein, sich zu entspannen. Er darf alle Anspannungen loslassen.

39

# Schenken Sie Ihren Gedanken einen Gedanken!



*Achte auf deine Gedanken, denn sie werden Worte. Achte auf deine Worte, denn sie werden Handlungen. Achte auf deine Handlungen, denn sie werden Gewohnheiten. Achte auf deine Gewohnheiten, denn sie werden dein Charakter. Achte auf deinen Charakter, denn er wird dein Schicksal.*

Diese Worte stammen aus dem jüdischen Talmud und können auch zu einer wichtigen Maxime Ihres Lebens werden. **Achten Sie darauf, was Sie denken, tun und sagen. Denn alles kommt aus Ihnen heraus und zu Ihnen zurück.** Das bildet Ihren Charakter und der prägt Ihr Leben. Unsere Gedanken kommen nicht immer an die Oberfläche unseres Bewusstseins, viele verstecken sich in den Tiefen unseres Unterbewusstseins und beeinflussen von dort aus unsere Worte und Handlungen, ohne dass wir das merken. Das kann positiv, aber auch negativ sein. Unser Unterbewusstsein hat in erster Linie die Aufgabe, unser Leben zu erleichtern, wird aber manchmal auch aus den falschen Quellen gespeist. Deswegen lohnt es sich, über Vorurteile, Dogmen und Ängste, die meist ein Gepäck aus der Kindheit sind, nachzudenken!

38

37

# Setzen Sie sich an den Fluss des Lebens!

Suchen Sie einen Ort auf, an dem Sie ungestört sind. Schließen Sie die Augen, atmen Sie tief und ruhig. Lassen Sie sich in Gedanken an einem Flusslauf nieder und konzentrieren Sie sich auf das Strömen des Wassers. Oder nehmen Sie Platz an einem Gewässer, das eine bestimmte Bedeutung für Sie hat – etwa der Badeteich Ihrer Kindheit oder ein romantischer See. Während Sie auf das Fließen oder die Bewegung des Wassers achten, tauchen in Ihrem Inneren bestimmte Bilder auf, die wahrscheinlich zusammen einen Film ergeben. **Lassen Sie sich überraschen, wohin Ihre Gedanken, Erinnerungen und Visionen Sie führen.**

Wenn Sie wieder in die Realität zurückgekehrt sind, halten Sie Ihre inneren Bilder in einem kleinen Büchlein schriftlich fest. Was jetzt für Sie noch keinen Sinn ergibt, kann bei nächster Gelegenheit vielleicht wichtig für Sie sein.

37

# Werfen Sie Ihre Sorgen ins Wasser!



Suchen Sie sich eine Wasserquelle – die See, einen Bachlauf, einen Gartenteich, einen Wasserfall oder einen Zimmerbrunnen – an der Sie sich hinsetzen und träumen können. Schließen Sie die Augen und stellen Sie sich einen Paradiesgarten aus einem orientalischen Märchen vor. Sie befinden sich in einem abgeschiedenen grünen Innenhof, die Luft ist milde und alles erscheint Ihnen wundervoll paradiesisch. Überall plätschern Brünnlein und kleine Wasserfälle. Üppige Jasminbüsche duften mit blühenden Orangenbäumen um die Wette, Bäume spenden kühlen Schatten, das Geräusch des plätschernden Wassers und der Gesang von Nachtigallen streicheln sanft Ihre Seele. Lauschen Sie diesen Klängen. **Sie ziehen innere Unruhe und Hektik an, sammeln Sie und versenken sie allmählich auf den Grund des Wassers.** Werfen Sie alles hinein, was Ihnen Kummer und Sorgen bereitet. Sie werden ruhig und geben sich den ewigen Geräuschen des Wassers hin.

Diese Meditation können Sie auch in der Badewanne machen.

36

# Malen Sie Nasenbilder!



**Wenn Sie** angespannt sind, ist Ihre linke Gehirnhälfte stärker aktiviert als die rechte. Das können Sie mit einem kleinen Trick ausgleichen: Bewegen Sie die Arme beim Gehen oder Laufen bewusst mit. Wenn das rechte Bein nach vorne geht, muss der linke Arm nach vorne schwingen und umgekehrt.

**Malen Sie** mit Ihrer Nasenspitze Achten in die Luft. Beide ‚Kringel' sollen dabei gleich groß sein. Diese Übung harmonisiert die beiden Gehirnhälften.

**Rollen Sie** die Zunge an den Gaumen. Dadurch werden die beiden Gehirnhälften angesprochen, die Atmung vertieft sich und die Abwehrschaltstelle Thymusdrüse wird aktiviert.

**Suchen Sie sich** eine Selbstbeschwörungsformel – etwa „Der Frühling tut mir gut, er erfrischt mich und verschafft mir neue Lebenskraft!" Sprechen Sie diesen Satz mehrmals täglich vor sich hin und versuchen Sie sich in ihn hineinzufühlen und sich von ihm erfüllen zu lassen.

**Werfen Sie** alle Probleme, die Sie übermäßig beschäftigen oder belasten und für die Sie momentan keine Lösung finden, in einen imaginären Papierkorb.

35

# 34 Üben Sie sanften Druck aus!



**Zur Entspannung:** Sie liegen auf dem Rücken mit gestreckten Beinen. Ihre Daumenspitzen liegen an den knöchernen Höckern oberhalb der Augen, zwischen Schläfenlappen und Augenbrauen. Heben Sie nun mit den Daumenspitzen ganz leicht diese Höcker nach oben in Richtung Zimmerdecke. Atmen Sie dabei ein, bis Sie spüren, dass die Atembewegung im Kreuzbein ankommt. Ziehen Sie gleichzeitig die Fußspitzen herauf in Richtung Nase. Mit dem Ausatmen lassen Sie alles wieder langsam los.

**Zur Anregung:** Sie liegen auf dem Rücken. Legen Sie die Hände mit den Ballen seitlich an den Kopf, etwa fünf Zentimeter über den Ohren. Die Fingerspitzen (die Hände sind dann etwas gekrümmt) liegen rechts und links vor der Mittelnaht des Schädels. Mit sanftem Druck bewegen Sie gleichzeitig die rechte Schädelhälfte langsam und sanft nach vorn in Richtung Decke und die linke nach hinten in Richtung Boden. Nun wechseln Sie die Seiten und wiederholen die Übung etwa zehnmal. Atmen Sie dabei ruhig weiter.

34

# 33 Dehnen Sie Ihr Bewusstsein aus!



Setzen Sie sich ruhig hin und atmen Sie tief ein und aus. Richten Sie Ihre Konzentration ganz auf die Ein- und Ausatmung durch Ihre Nase. Lassen Sie Ihr Bewusstsein den ganzen Kopf ausfüllen, als würden Sie in den Kopf hineinatmen. Dann lassen Sie Ihr Bewusstsein ausströmen, bis es mühelos den ganzen Körper ausfüllt. Wenn sich dieses Gefühl einstellt, dehnen Sie Ihr Bewusstsein weiter aus, bis es den gesamten Raum einnimmt, in dem Sie sich befinden.

Sie können sich zusätzlich vorstellen, dass Sie durch die Augen ein- und ausatmen. Mit jedem Einatmen nehmen Sie die Welt in sich auf, und mit jedem Ausatmen lassen Sie Ihre Gegenwart und Ihre Energie nach außen strömen, sodass eine **Harmonie zwischen Aufnehmen und Abgeben** entsteht. Öffnen Sie dann die Augen, blicken Sie aber auf nichts Bestimmtes, atmen Sie nur ruhig weiter durch die Augen.

Setzen Sie dies fort, solange es Ihnen angenehm ist. Danach erlauben Sie Ihrem Bewusstsein,in Ihren Kopf zurückzukehren, und wenden sich Stück für Stück wieder dem Alltag zu.

33

# 32 Die kleine Sonne in Ihrem Bauch



Legen Sie sich in einem ruhigen und warmen Raum flach auf eine nicht zu weiche Unterlage auf den Rücken. Die Arme liegen dicht neben Ihrem Körper, die Handflächen gen Himmel. Lassen Sie sich Zeit, ruhig zu werden, schließen Sie die Augen und lauschen Sie eine Weile Ihrem Atem. Atmen Sie ruhig und tief. Konzentrieren Sie sich intensiv auf Ihren Bauch. Stellen Sie sich vor, dass dort tief unten eine kleine Sonne scheint. Lassen Sie sie leuchten und sich von ihr wärmen. Stellen Sie sich vor, Sie atmen in diese Sonne hinein. Mit jedem Atemzug wird sie heller und wärmer. **Dieses warme Licht strahlt aus Ihrer Mitte heraus und strömt in alle Teile des Körpers.** Jede Stelle ist von innen hell erleuchtet und warm. Lassen Sie dieses warme Licht in stetem Strom aus Ihrem Unterkörper heraustreten und in alle Richtungen fließen. Es ist Ihr ureigenster innerer Energiestrom. Spüren Sie, wie er Sie ganz durchfließt? Fließen Sie einfach entspannt mit ihm. Wenn Sie sich genügend gewärmt haben, lassen Sie die kleine Sonne in Ihrem Bauch langsam wieder untergehen. Setzen Sie sich allmählich auf und spüren Sie, wie Ihre Energie Sie weiter durchfließt.

32

# Gruß an die Sonne



Die Sonne ist unsere Energiequelle schlechthin. Sie schenkt uns Licht, Wärme und den Tagesrhythmus, der für unsere Gesundheit so wichtig ist. Der ‚Gruß an die Sonne' ist eine der bekanntesten Yoga-Übungen. Er wird immer in Richtung Sonne ausgeführt. Er besteht aus zwölf ineinander verwobenen Haltungen, die **energiespendend und verjüngend** wirken sollen. Die einzelnen Bewegungen helfen Ihnen auch herauszufinden, wo es in Ihrem Körper Verspannungen gibt. Sie können alle Haltungen auch einzeln erlernen.

Der ‚Gruß an die Sonne' beginnt so: Stellen Sie sich gerade hin und legen Sie die Handflächen in der Höhe Ihrer Brust aneinander. Schließen Sie die Augen und versuchen Sie, sich zu entspannen. Lockern Sie Ihre Schultern und Arme. Konzentrieren Sie sich nun auf die Sonne. Stellen Sie sie sich vor und lassen Sie sie in Ihr drittes Auge (die Stelle zwischen Ihren Augen an der Nasenwurzel) strömen. Spüren Sie, wie ein sanftes Schwingen durch Ihren Körper geht? Ihre Atmung wird nun automatisch langsamer.

31

## Pflege für Ihre Busenfreundinnen



Schön rund, straff und fest, mit einer streichelzarten Haut – der Traum von einem Busen. **Ein Duschpeeling einmal pro Woche oder tägliche Bürstenmassagen entfernen die Hornschüppchen und machen die Haut schön zart.** Danach nimmt sie Pflegestoffe besonders gut auf. Probieren Sie es einmal mit dieser Mischung: Verrühren Sie fünf Esslöffel Mandelöl mit drei Esslöffeln gemahlenen Mandeln zu einem dickflüssigen Brei. Einen Teelöffel dieser Paste mit einem Teelöffel Milch und einigen Tropfen Rosenöl verrühren und in langsam kreisenden Bewegungen einmassieren. Den Rest in einer Cremedose im Kühlschrank aufbewahren und bald verbrauchen.

Auf eine wöchentliche Apfelkompresse schwört der französische Kosmetikkräuterexperte Maurice Messegue: Raspeln Sie zwei abgewaschene, ungeschälte Äpfel klein und verteilen das Mus auf Ihrer Brust, mit einem gekühlten Tuch (vorher eine Stunde in den Kühlschrank legen) bedecken und eine halbe Stunde einziehen lassen. Abwaschen und eincremen, das strafft.

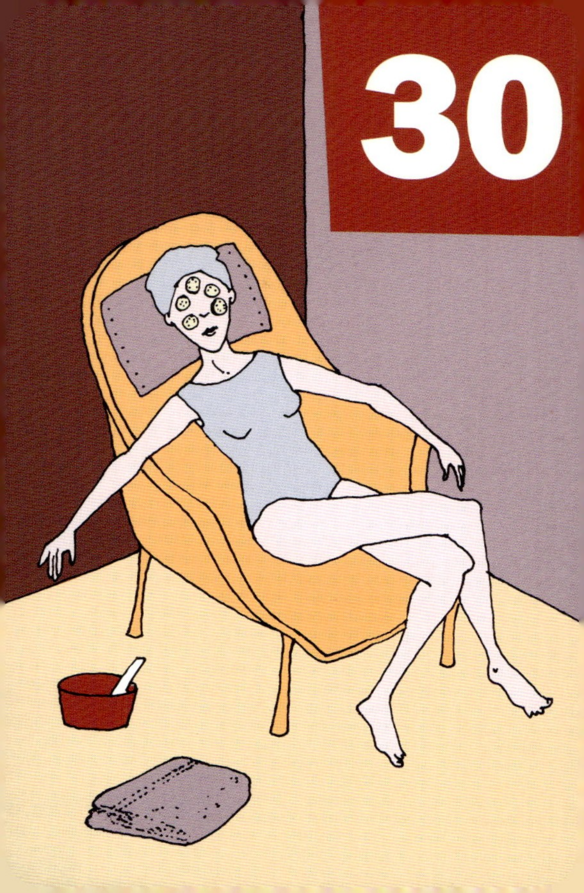
30

# Haarpflege: Glänzend gemacht



Wenn Ihr Haar gesund ist, können Sie es ohne Bedenken jeden Tag waschen, wenn Sie wollen. Hinterher freuen sich die Haare über eine Extra-Portion Pflege aus Küche und Natur:

**Ei Pflege:** Ein Eigelb mit einigen Spritzern Zitrone mischen, auf das frisch gewaschene, handtuchtrockene Haar geben und eine halbe Stunde einwirken lassen. Sehr gründlich auswaschen.
**Zitronen-Packung:** Ein Ei in einer Tasse Milch schlagen, einen Teelöffel Zitronensäure aus der Apotheke, Saft einer halben Zitrone und einen Esslöffel Kokosnussöl dazu mixen, zwanzig Minuten einwirken lassen und gründlich ausspülen.
**Bier-Spülung:** Nach der Wäsche werden die Haare mit einer kleinen Flasche Bier gespült. Nicht ausspülen. Feines Haar wird dadurch etwas gefestigt.
**Lavasteine** zum Reinigen: Lavasteine aus dem Bioladen lösen sich in Wasser auf und entfernen Schmutz und Fett ganz sanft. Sie schäumen dabei nicht auf und sind besonders für Allergiker und Menschen mit empfindlicher Haut geeignet. Die Haare bekommen einen wunderschönen Glanz.

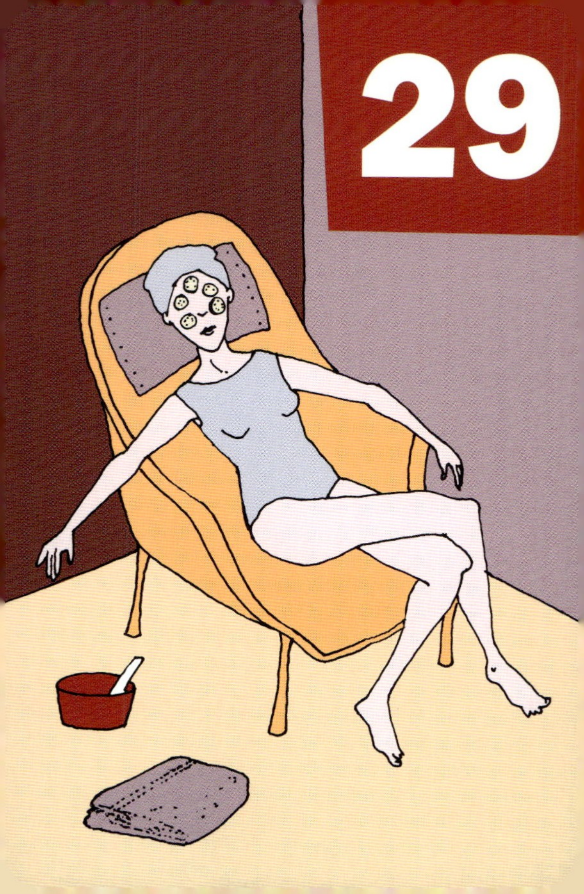
29

# Olivenöl killt Krähenfüße und Fältchen



Olivenöl ist nicht nur gesund im Salat, es entfaltet auch äußerlich angewendet eine Vielzahl positiver Wirkungen. Es soll beispielsweise **die Haut vor vorzeitiger Alterung schützen**. Mischen Sie Olivenöl zu gleichen Teilen mit frisch gepresstem Zitronensaft, schütteln oder rühren Sie diese Mischung gut durch, damit sie emulgiert. Massieren Sie Ihr Gesicht zwei- bis dreimal pro Woche vor dem Schlafengehen kräftig damit ein. Für den Hals empfiehlt sich einmal wöchentlich ein Ölwickel – am besten vor dem Schlafengehen. Dafür können Sie 20 ml Olivenöl mit 20 ml Mandelöl im Wasserbad vermischen. Tränken Sie einen Gazestreifen, ein Stofftaschentuch oder ein kleines Geschirrtuch damit, legen Sie das Tuch auf den Hals, wickeln Sie ein Handtuch darum und lassen Sie das Öl ungefähr eine Stunde einziehen. In dieser Zeit können Sie ein Bad nehmen, in der Wärme entfaltet das Öl seine Kräfte noch stärker. Danach geht's ab ins Bett.

*Wenn Sie zu rauen Händen neigen, sollten Sie ihnen ein- bis zweimal pro Woche ein lauwarmes Olivenbad gönnen.*

28

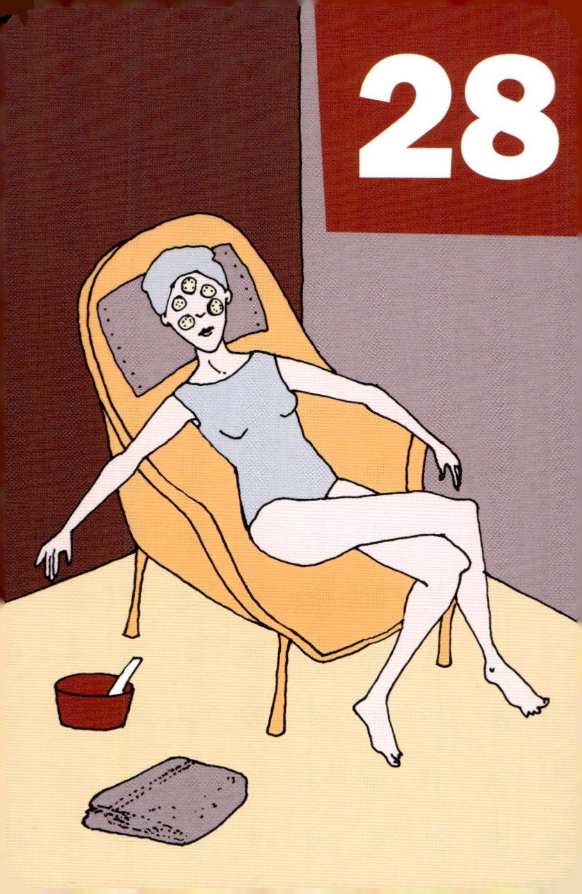

# 27 Zeigt her eure Füße



Die Füße werden oft vernachlässigt, ganz besonders im Winter. Da sie jedoch besonders trocken sind, brauchen sie eine Extra-Portion Pflege.

**Peeling für raue Stellen:** Vermischen Sie drei Esslöffel Salz vom Toten Meer mit zwei Esslöffeln Vollmilch zu einem Brei und rubbeln Sie Ihre Füße und insbesondere die Fersen gründlich damit ab. Mit viel Wasser abspülen und gut eincremen. Anfangs zwei- bis dreimal wöchentlich, später nur noch alle vierzehn Tage.

**Duftölpackung für die Füße:** In ein warmes Fußbad geben Sie je nach ‚Fußstimmung' fünf bis zehn Tropfen ätherisches Öl hinein: Lavendel und Rosmarin fördern die Durchblutung der Füße und machen sie munter, Fenchel bekämpft Fußgeruch. Nach dem Fußbad Füße kalt abduschen und mit einer ordentlichen Portion Creme verwöhnen.

**Rosige Pflege für raue Füße:** Vermischen Sie 10 ml Weizenkeimöl, 10 ml Jojobaöl, 3 Tropfen Rosenöl, 2 Tropfen Myrrhe und 1 Tropfen Olibanum (Weihrauch) miteinander. Dann massieren Sie das Öl mit sanften, kreisenden Bewegungen in den Fuß ein. Das macht die Haut glatt und belebt gleichzeitig die Füße.

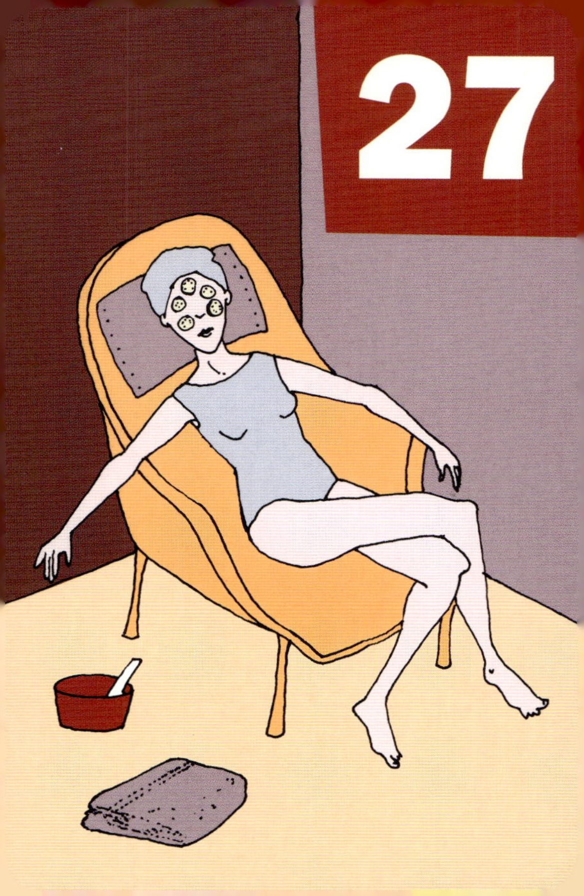
27

# 26 Kamille-Heilerde-Peeling



Ein sanftes Peeling für den ganzen Körper ist eine **Wohltat für gestresste und schuppige Haut** – auch nach einem Sonnentag. Verrühren Sie dazu Heilerde aus der Apotheke oder dem Reformhaus mit lauwarmem Kamillentee zu einem dünnen Brei. Tragen Sie die Mischung auf den ganzen Körper auf. Dazu können Sie die Hände nehmen, angenehmer ist es mit einem weichen Pinsel. Nach zwanzig Minuten mit reichlich Kamillentee abspülen und die Haut gut eincremen.

**Eine seidenzarte Haut erhalten Sie** auch durch eine Körpermaske aus zwei Bechern Sahnejoghurt oder Joghurt mit einem Schuss Sahne, in den Sie zwei Teelöffel Weizenkeimöl und ein bis zwei Tropfen des ätherischen Öls hineingeben, das Sie am liebsten riechen. Von Kopf bis Fuß auf den ganzen Körper verteilen. Nach zehn Minuten lauwarm abduschen. Nur vorsichtig trocken tupfen, nicht rubbeln, sonst werden die pflegenden Stoffe mit entfernt.

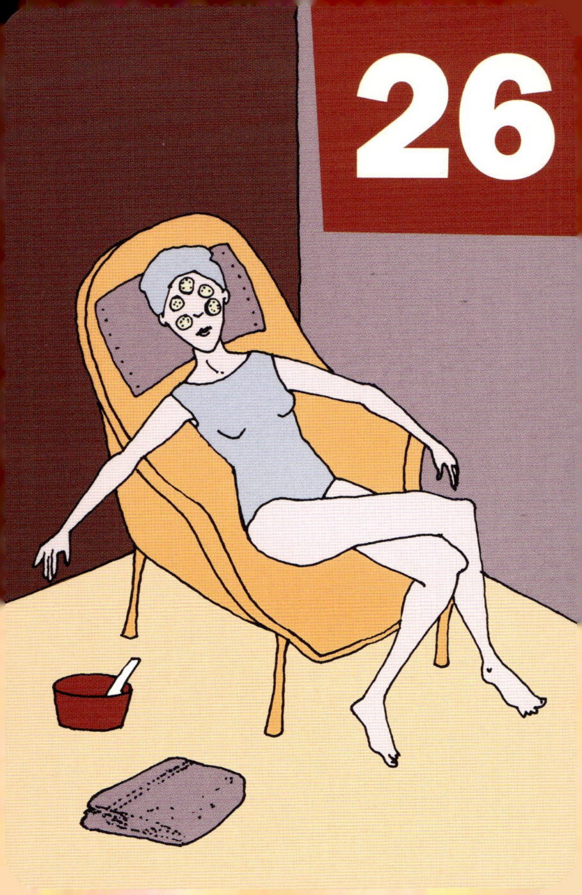
26

# 25 Fasten klärt die Haut



Wenn Ihre Haut zu Stresserscheinungen neigt und rasch empfindlich reagiert, sollten Sie Ihren Stoffwechsel entlasten. Dazu bietet sich eine einwöchige Fastenkur an. Wenn Ihnen die Zeit dazu fehlt, probieren Sie es mit einem wöchentlichen Fastentag, zum Beispiel einem Safttag oder einem Gemüsetag.

**Safttag:** Trinken Sie einen Liter Obstsaft in fünf kleinen Portionen über den Tag verteilt, Gemüsesaft dürfen Sie etwas mehr trinken. Dazu trinken Sie noch anderthalb bis zwei Liter Wasser. Kaffee ist tabu an diesem Tag.

**Gemüsetag:** Zum Frühstück essen Sie ein Möhren-Birnen-Müsli (Getreideflocken mit zwei geriebenen Möhren, einer Birne und Sojamilch vermischt). Mittags gibt es einen knackigen Salat der Saison, am besten mit Sprossen und Kresse. Abends bereiten Sie sich ein hauchdünn geschnittenes Zucchini-Carpaccio zu mit einer Marinade aus Obstessig, Olivenöl, Meerrettich oder etwas Senf. Verzichten Sie auf Salz. Gegen den Hunger zwischendurch kauen Sie Gurken, Möhren, Paprika oder Tomaten.

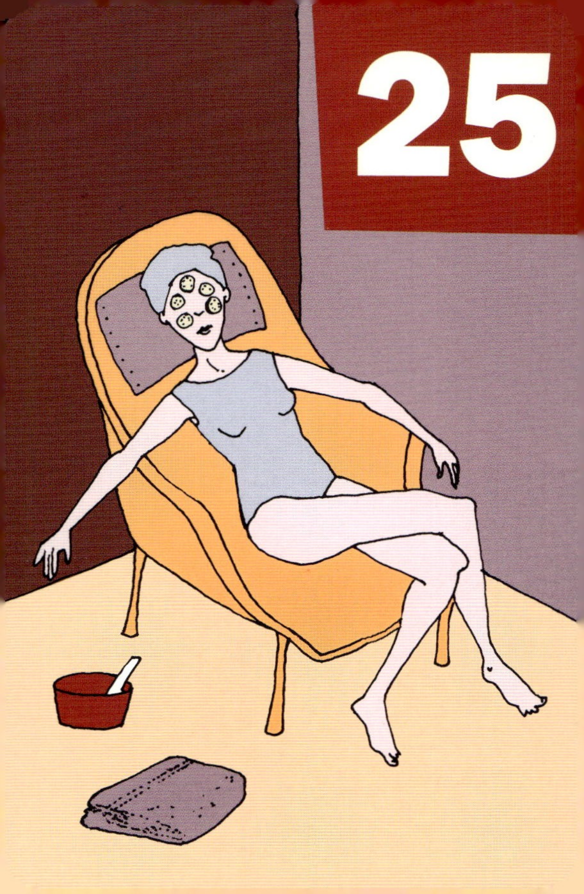
25

# Speiseplan für die Schönheit



**Glatte Haut:** Täglich Sonnenblumen- oder Kürbiskerne knabbern. Das bringt Ihnen Zink. Morgens und abends eine Kiwi essen: Vitamin C. Ab und zu eine Lebertran-Kur für Vitamin A einnehmen.

**Glänzende Haare:** Vier Eier pro Woche essen für den Schwefel. Zum Frühstück Müsli mit Sonnenblumenkernen und Weizenkleie verspeisen, bringt Zink und B-Vitamine. Mageres Fleisch, Fisch und Käse kombiniert mit Salat macht das Haar stark durch Keratin.

**Strahlende Augen:** Dreimal in der Woche Möhren mit etwas Pflanzenöl essen, das bringt Ihnen Vitamin A und E. Vollkornbrot schützt durch Selen vor Infektionen. Orangen und Holunder verschaffen mit Vitamin C den nötigen Durchblick.

**Kräftige Fingernägel:** Jeden Tag einen Joghurt essen für Eiweiß und Gelatine, am besten mit Nüssen (Biotin).

**Fester Busen:** Zweimal täglich ein Glas Ananassaft trinken. Das Enzym Bromelain soll das Bindegewebe straffen.

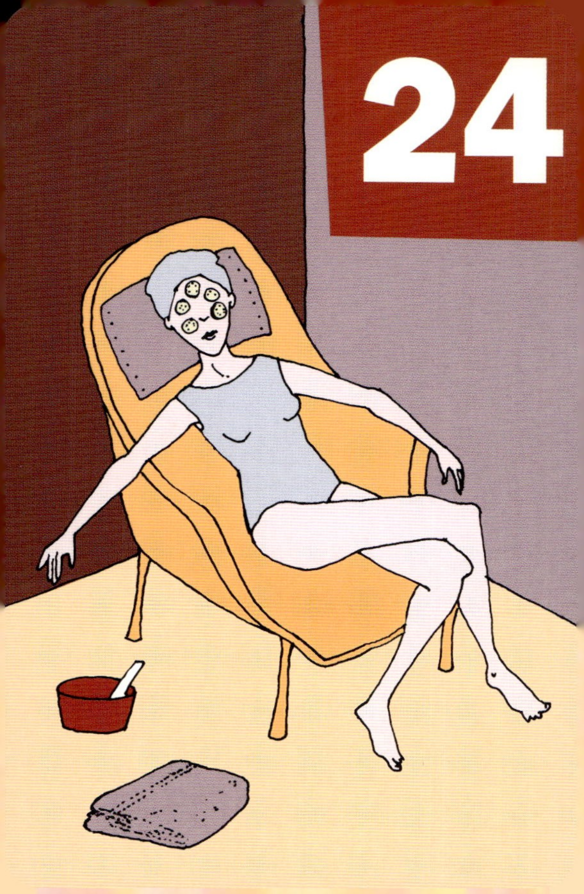
24

# 23 Quark gegen große Poren

Verrühren Sie zwei Esslöffel Quark mit einem knappen Teelöffel Zitronensaft und verteilen Sie ihn auf der gut gereinigten Haut. Augenpartie aussparen. Eine Viertelstunde lang einwirken lassen. Mit reichlich lauwarmem Wasser abspülen und Ihre normale Feuchtigkeitscreme auftragen. *Quark enthält Milchsäure, die Hornhaut löst. Er spendet Feuchtigkeit und regt die Durchblutung an. Zitrone erfrischt und verengt die Poren. Wenn die Zitrone bei Ihnen auf der Haut brennt, können Sie stattdessen zwei Löffel im warmen Wasserbad flüssig gemachten Honig unter den Quark rühren.*

**Gegen fettige oder unreine Haut hilft eine Heilerde-Maske**: Zwei Esslöffel Heilerde aus der Apotheke mit vier Esslöffeln warmem Wasser verrühren und einen halben Teelöffel Öl darunter mischen. Auf die Haut auftragen, die Augenpartie aussparen. Die Maske nach zwanzig Minuten mit sehr viel Wasser abspülen, nicht rubbeln. Die Maske trocknet die Haut etwas aus und peelt sie leicht. Gesicht danach eincremen.

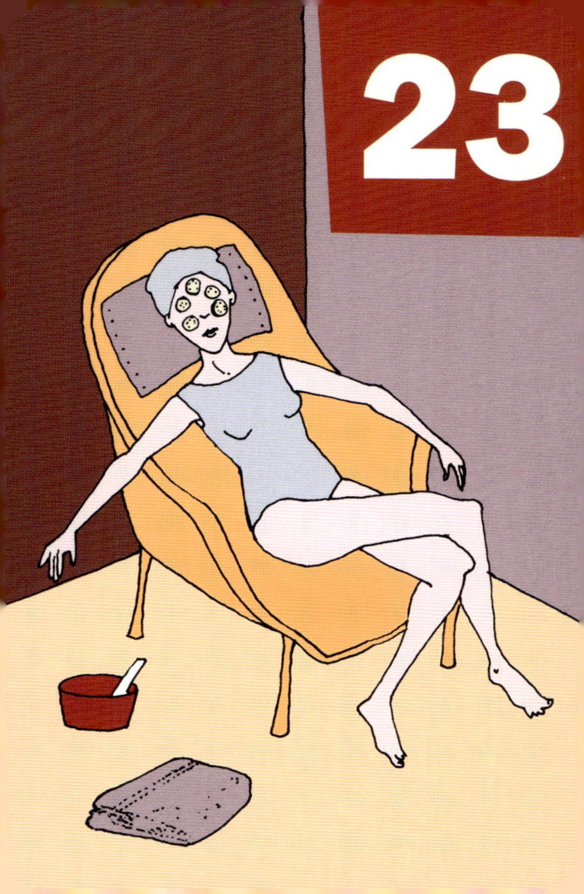
23

# Banane versorgt die Haut mit Feuchtigkeit



Gesichtsmasken sind schnelle Schönmacher und für viele Frauen der **Inbegriff von Entspannung und Luxus**. Zu dieser ‚Waffe' greifen Sie entweder, wenn sie für sich ganz allein etwas Gutes tun wollen oder sich auf einen schönen Ausgeh-Abend vorbereiten:

*Reinigen Sie Ihre Haut gründlich, drücken Sie einen warmen Waschlappen mehrmals für einige Sekunden auf das Gesicht, um die Poren etwas zu öffnen. Zerdrücken Sie eine halbe Banane mit einem Teelöffel süßer Sahne. Tragen Sie diese Masse mit den Fingern auf, sparen Sie dabei die Augenpartie aus. Lassen Sie die Maske etwa zwanzig Minuten auf dem Gesicht und spülen Sie sie dann mit viel warmem Wasser ab. Danach tragen Sie Ihre normale Feuchtigkeitscreme auf und massieren diese gut ein.*

Bananen enthalten spezielle Zuckermoleküle, die ein hohes Wasserbindungsvermögen haben und der Haut Feuchtigkeit geben. Die Sahne sorgt für Fett und Geschmeidigkeit.

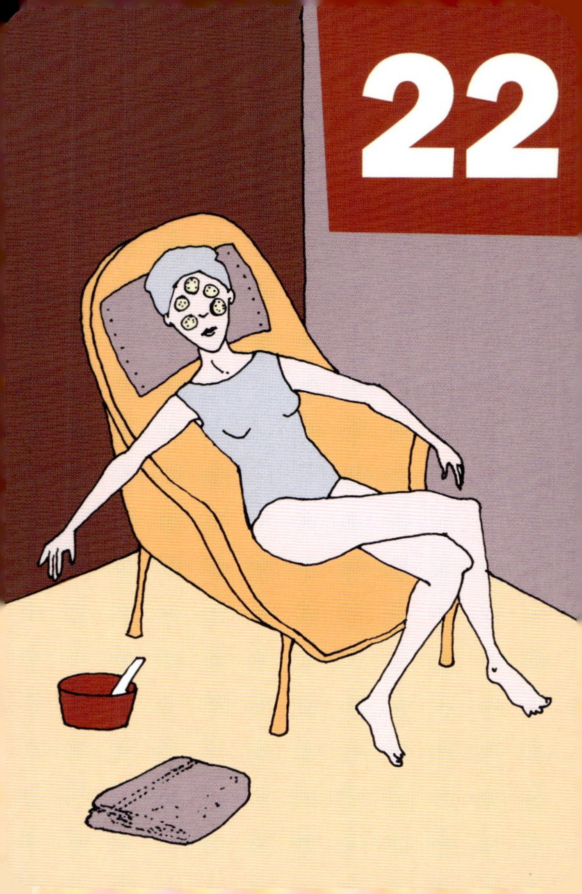
22

# 21 Zuckerschlecken für die Haut

Honig tötet Bakterien ab, desinfiziert Wunden und beschleunigt die Heilung. Der Zucker im Honig zieht das Wasser aus den Wunden, ein antibakterieller Wirkstoff beschleunigt den Heilungsprozess. Außerdem stecken im Honig Eiweißverbindungen, die als Kittsubstanz auch in der Haut vorkommen. **Sie machen raue Haut glatter und geschmeidiger**. Probieren Sie doch einmal eine selbst gemachte Honigmaske:

*Mahlen Sie eine Handvoll Sonnenblumenkerne in der Messermühle und verrühren Sie dieses Mehl mit einem Löffel Honig und einem Teelöffel Mandelöl. Erwärmen Sie die Masse im Wasserbad und tragen Sie sie sofort auf, lassen Sie die Maske fünfzehn Minuten einwirken und spülen Sie sie dann mit lauwarmem Wasser ab. Ihre Haut sieht anschließend gut durchblutet und rosig aus.*

Bei trockener Haut hilft diese Maske: Verrühren Sie zwei Esslöffel Quark und je einen Teelöffel Sahne und Honig miteinander. Diese Maske muss etwa eine halbe Stunde einziehen, bevor sie mit viel lauwarmem Wasser abgespült wird.

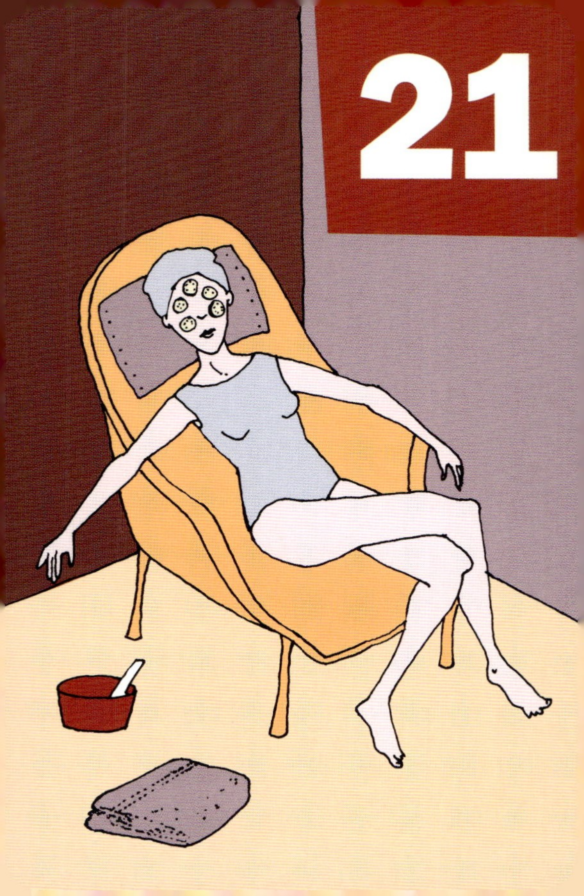
21

# In Kräuter gewickelt

Für einen reinigenden Ganzkörperwickel aus heilenden Kräutern mischen Sie etwa je 100 Gramm dieser getrockneten Kräuter miteinander:

**Kamille** (wirkt antiseptisch), **Zitronengras** (entgiftend), **Rosmarin** (belebend). Dazu geben Sie ein wenig gehackten **Ingwer** (wirkt ausgleichend) oder eine Handvoll **Pfefferminzblätter** (durchblutungsfördernd).

*Füllen Sie die Mischung in ein Mullsäckchen, binden Sie dieses fest zu, übergießen Sie es in einem großen Kochtopf mit mindestens fünf Liter Wasser und lassen es zwanzig Minuten ziehen. In diese Kräuterbrühe legen Sie nun ein Badetuch und lassen es fünf Minuten dort ruhen. Mit Gummihandschuhen herausnehmen und auswringen, kurz hin- und herwedeln, dann um den Körper schlingen. Ein trockenes Badetuch darüber wickeln und in einen Bademantel schlüpfen. Eine halbe Stunde ruhen. Den Wickel entfernen, ein Glas (oder mehr) frisches Wasser trinken und noch mal eine halbe Stunde ruhen. Weiterhin viel trinken. Das reinigt, entschlackt und entspannt.*

20

## 19 Fördern Sie die Tiefe Ihres Schlafes!



Immer mehr Menschen leiden unter Schlafstörungen, denn viele von uns machen die Nacht zum Tag und entfernen sich immer weiter von ihren natürlichen Rhythmen. Sie schlafen generell zu wenig, können nicht einschlafen und sind chronisch übermüdet. Glücklicherweise bietet uns die Natur eine Reihe von Heilpflanzen, die den Schlaf fördern. Zu den direkten pflanzlichen Schlafmitteln gehören Baldrian, Hopfen und die Passionsblume. Aber auch Basilikum, Heidekraut, Lavendel, Lindenblüten, Majoran, Melisse, Orangenblüten, Weide und Weißdorn wirken sich bei Schlafstörungen positiv aus. Die Kräuterexpertin Gerti Samel empfiehlt einen Schlaftee aus folgender Mischung zu gleichen Teilen:

**Passionsblume, Hopfen, Weißdorn, Orangenblüte, Lavendel, Melisse**

Trinken Sie abends vor dem Schlafengehen eine große Tasse beziehungsweise zwei Becher Tee, und wenn Sie nachts aufwachen, schenken Sie sich aus einer Thermoskanne am Bett eine weitere Tasse ein. Sobald Ihr Schlaf besser geworden ist, sollten Sie Ihre Dosis reduzieren.

19

# 18 Tee, der Ihre Kräfte wieder aufmöbelt

Wenn Sie zu den Menschen gehören, die jahrelang Raubbau an Körper und Seele getrieben haben, richten Sie sich darauf ein, dass die Anspannung nur langsam nachlässt. Sie brauchen wahrscheinlich Monate für den Wiederaufbau Ihrer Kräfte. Die Voraussetzung dafür ist, dass Sie Ihre Belastungen wirklich reduzieren können. Kräuter können Ihnen bei der Umstellung helfen. Sie können sich zum Beispiel für eine Kur einen Tee zu gleichen Teilen mischen aus: **Eleutherokokkus, Salbei, Bibernelle, Bohnenkraut, Benediktenkraut und Brennnessel.** Für diese Teekur, die aus der Kräutermedizin der Heiligen Hildegard von Bingen stammt, sollten Sie ein Vierteljahr einplanen. Machen Sie dabei jeweils drei Wochen Kur, dann eine Woche Pause. Da diese Kur Ihre Lebensgeister wecken soll, kann sie möglicherweise auch Ihren Schlaf beeinträchtigen. Deswegen sollten Sie den Tee nur morgens und/oder mittags trinken.

*Aufbauende Kräfte entfalten auch Gewürze wie Koriander, Kumin, Ingwer, Pfeffer, Anis, Fenchel, Muskatnuss und Ysop. Verwenden Sie diese Gewürze beim Kochen möglichst häufig.*

18

# Kräuter, die Ihren Nerven wohltun

Heilkräuter tun nicht nur dem Körper, sondern auch der Seele wohl. Es gibt eine Reihe von Pflanzen, die direkt auf unser Nervensystem wirken, die Stimmungen beeinflussen, die uns aus negativen Haltungen befreien, uns aufbauen und Mut machen, die uns entspannen und Angstgefühle auflösen. Einige der Heilkräuter können Sie als Küchengewürz verwenden, aus anderen können Sie sich einen Heiltee zubereiten.

*Kräuter zur Entspannung und Beruhigung:*

**Baldrian** beruhigt die Nerven und fördert den Schlaf. **Helmkraut** entspannt, stärkt die Nerven und entkrampft. **Herzgespann** erweitert die Blutgefäße im Hirn und wirkt entspannend bei Herzklopfen und Herzrasen. **Hopfen** gleicht aus, fördert den Appetit und macht ruhig. **Johanniskraut** lindert Depressionen, stärkt die Nerven, hellt die Stimmung auf und löst Angst. **Lavendel** beruhigt und erhöht den Energiepegel. **Lindenblüte** lindert nervöse Anspannung. **Passionsblume** wirkt ausgleichend und fördert den Schlaf.

17

# 16 Rosige Pflege für raue Füße

*Tiefenpflege mit Rosenöl und Rosenwasser*

Für eine tiefenreinigende Gesichtsmaske empfiehlt die Heilpraktikerin und Aromaexpertin Barbara Krähmer: **1 Esslöffel Heilerde aus der Apotheke oder dem Reformhaus, 2-3 Esslöffel Rosenwasser, 1/2 Teelöffel flüssiger Honig, 1 Tropfen Rosenöl und 1 Tropfen Rosengeraniumöl** gut miteinander vermischen und auf die gereinigte Haut von Gesicht, Hals und Dekolleté geben. Nach etwa zehn Minuten waschen Sie die Maske mit ganz viel Wasser wieder ab und betupfen die Haut mit Rosenwasser. Danach gut eincremen. Da diese Maske die Haut leicht austrocknet, sollte sie nicht öfter als alle vierzehn Tage angewendet werden.

*Rosige Pflege für raue Füße*

Vermischen Sie **10 ml Weizenkeimöl, 10 ml Jojobaöl, 3 Tropfen Rosenöl, 2 Tropfen Myrrhe und einen Tropfen Olibanum (Weihrauch)** miteinander. Massieren Sie die Mischung in sanften, kreisenden Bewegungen in den Fuß ein. Das macht die Haut glatt und belebt gleichzeitig die Füße.

16

# Die Rose – Schutzgöttin der Schönheit

Die Rose nimmt unter allen Blütenessenzen eine Sonderstellung ein. Keine andere Blume wurde jemals so verehrt und gepriesen. Sie gilt als Symbol für Weiblichkeit, Lebenslust, Anmut und Liebe. Gutes Rosenöl ist noch immer sehr teuer, denn es werden viele Blüten benötigt, um ein paar Tropfen Öl zu gewinnen. Achten Sie beim Kauf auf den Aufdruck ‚naturrein' und die Herkunftsbezeichnung. Auch Rosenwasser, das bei der Herstellung von Rosenöl anfällt, ist nicht billig, aber ebenso wirksam.

**Beruhigend und entspannend wirken Kompressen mit Rosenwasser** – etwa für die Augen: Pads mit Rosenwasser beträufeln und für eine Weile auf die Augenlider legen. Hilft bei Entzündungen, Überanstrengung und verheulten Augen. Auch eine Gesichtskompresse mit Rosenwasser entspannt die Nerven und vitalisiert empfindliche Haut.

**Für ein Rosenmassageöl** vermischen Sie 50 ml Mandelöl, 50 ml Jojobaöl und 8 bis 10 Tropfen Rosenöl miteinander. Den ganzen Körper – bei den Fußsohlen beginnend – damit sanft einölen.

15

# Im Reich der duftenden Zauberwirkungen

Ätherische Öle lassen sich zu wunderbaren Badezusätzen oder Massageölen kombinieren. Sie können sie nach Lust und Laune zusammenstellen und schauen, was Ihnen am besten gefällt:

**Bergamottöl** hebt die Stimmung und beruhigt die Haut. **Geranienöl** belebt, muntert auf und macht trockene Haut zart. **Jasminöl** beruhigt die Nerven und regt die Liebeslust an. **Mandelöl** ist ein mildes Basisöl und für jeden Hauttyp geeignet. **Myrrhenöl** pflegt die Haut, fördert die Wundheilung und soll einen verjüngenden Effekt haben. **Neroliöl** hilft bei unreiner Haut und lindert Entzündungen. **Orangenöl** stärkt die Nerven und fördert die Durchblutung. **Patschuliöl** hat einen besonders schweren Duft, wirkt anregend und antiseptisch. **Rosmarinöl** wirkt straffend und hebt die Stimmung. **Salbeiöl** belebt die Nerven, beruhigt die Haut und lindert Erkältungsbeschwerden. **Sandelholzöl** beruhigt, reinigt und hilft bei Hautproblemen. **Ylang Ylang** stimuliert und macht die Haut widerstandsfähig. **Zitronenöl** erfrischt, wirkt antiseptisch und ist gut für Haut und Haare.

14

## 13 Der richtige Duft hebt Ihre Stimmung

Düfte sind für Gesundheit und Wohlbefinden unerlässlich. Sie sind die Grundlage der Aromatherapie. So wissen wir heute, dass Kamillenöl antiseptisch wirkt, Lavendelöl beruhigt und Rosmarin die Stimmung hebt und anregt. Einigen Blütendüften wird eine aphrodisierende Wirkung nachgesagt. Jasmin gilt als besonders verführerisch, weil er an den menschlichen Sexualduft erinnert. **Ylang Ylang betört, die Lilie erotisiert, Rosen lassen Verliebte schmachten, heißt es.** Neben Zibet, Bibergeil und Ambra ist Moschus das Mittel schlechthin, das Wohlbefinden und Wollust hervorruft. Moschus, Ambra und Sandelholz wollen Forscher auch in unseren menschlichen Sexuallockstoffen entdeckt haben. Die ätherischen Öle wirken nicht nur über die Nase, sie dringen auch über die Haut in den Körper ein, gelangen in die Blutbahn und entfalten dort ihre vielfältigen Wirkungen.

*Duftöle sind hochkonzentrierte Substanzen, die Sie nicht unverdünnt verwenden sollten. Geben Sie immer nur die in Rezepten angegebene Menge in das so genannte Basisöl – etwa Mandel- oder Jojobaöl.*

13

# 12 Rauch für die Sinnlichkeit

Wenn Sie gerne sinnliche und anregende Düfte schnuppern, sollten Sie es mal mit dieser Mischung ausprobieren (die Zutaten bekommen Sie in der Apotheke, in Bio- oder Esoterikläden):

**8 Teelöffel Olibanum (Weihrauch)**
**4 Teelöffel Sandelholz**
**4 Teelöffel Zimt**
**2 Teelöffel Iriswurzel, geschnitten**
**4 Teelöffel Rosen**
**2 Teelöffel Moschus**
**2 Teelöffel Jasminblüten**

*Alle Zutaten zermahlen Sie grob und verkneten sie zu einer Paste. Geben Sie einen Teil davon in ein Räucherpfännchen oder auf Räucherkohle und lassen Sie den Duft verströmen. Nehmen Sie am Anfang nur etwas Räucherwerk und finden Sie nach und nach heraus, welche Mengen und Mischungen Ihnen guttun. Halten Sie ein Fenster während der Räucherung einen Spalt geöffnet und lüften Sie hinterher gut durch.*

12

11

# Massagen für süße Mußestunden

Exotisches Gewürzöl

**2 Esslöffel Sesamöl, 2 Tropfen ätherisches Öl Ihrer Wahl – etwa Orange, Rose oder Gewürznelke**

*Erwärmen Sie das Sesamöl und geben Sie das Duftöl hinein. Massieren Sie nun den gesamten Körper vom Gesicht bis zu den Beinen mit sanft kreisenden Bewegungen. Hinterher mit warmem Wasser abduschen und eine Weile ruhen. Das macht die Haut zart, regt die Durchblutung an und ist Balsam für die Seele.*

Paradiesisches Duftöl

**8 Tropfen Sandelholz, 3 Tropfen Vetiveröl, 1 Tropfen Vanilleöl, 5 Tropfen Patschuliöl, 2 Tropfen Perubalsam, 1 Tropfen Kardamomöl**

*Diese Öle vermischen Sie miteinander und massieren den Duftcocktail von Kopf bis Fuß sorgfältig ein. Ein solches Massageöl duftet betörend und eignet sich zur Vorbereitung sinnlicher Stunden.*

11

# 10 Badevergnügen wie aus 1001 Nacht

Für ein orientalisches Märchenbad bietet sich diese Mischung an: **50 g Rosenblätter, 20 g Pfefferminzblätter, 3 Tropfen Rosenöl oder Rosengeraniumöl, 3-4 Esslöffel Honig.** *Die getrockneten Pflanzenteile in ein Säckchen geben und zubinden. In der Badewanne mit etwas kochendheißem Wasser übergießen. Das Rosenöl mit dem Honig verrühren und ins Badewasser geben. Das Bad wirkt entspannend und erotisierend.*

Für eine besonders sinnliche Bademischung verrühren Sie **4 Tropfen Bergamottöl, 2 Tropfen Bayöl, 1 Tropfen Ylang Ylang, 3 Tropfen Rosenöl, 1 Becher Sahne.** *Alle Zutaten gut mit der Sahne verrühren und in das warme Wasser tröpfeln lassen.* So erhalten Sie Pharaos Mischung: **1/2 l Milch, 1/4 l Sahne, 3-4 Esslöffel flüssiger Honig, 5 Tropfen Sandelholzöl, 5 Tropfen Bergamottöl, 2 Tropfen Kardamomöl, 5 Tropfen Geraniumöl, 2 Tropfen Korianderöl, 1 Tropfen Pfefferöl.** *Alles gut miteinander verrühren und darauf achten, dass sich der Honig ganz auflöst. Zum Schluss zwei bis drei Hände voll Rosenblätter ins Wasser geben.*

10

# 9 Lassen Sie Wasser-Farben sprechen!

Mit Farbbädern können Sie Stimmungstiefs bekämpfen und Ihre Laune gezielt beeinflussen. Das Wasser soll die Schwingungsenergie übertragen und gelassen stimmen. Die Farbbäder können Sie fertig kaufen oder mit Lebensmittelfarbe zubereiten. Dazu nehmen Sie eine Bademischung Ihrer Wahl, der Sie einige Tropfen Farbe hinzufügen. Hierbei können Sie natürlich auch nach Lust und Laune experimentieren:

**Rot** soll die Leistung steigern, die Stimmung heben, den Körper reinigen und die Lebensenergie fördern. **Orange** stimuliert die Atmung und sorgt für eine heitere, gelassene Stimmung. **Gelb** harmonisiert den Energiefluss, spendet Kraft und regt die Denktätigkeit an. **Lemon** – ein helleres Gelb – macht meditativ und offen für größere Zusammenhänge. **Grün** soll die stärkste Heilkraft von allen Farben besitzen, Geist und Seele entgiften und Glücksgefühle auslösen. **Rosa** macht das Herz frei und sorgt für Herzenswärme. **Blau** soll die Nerven beruhigen und den Schlaf fördern.

9

8

## So kriegen Sie die Cellulite klein

Hinter dem Phänomen der ‚Orangenhaut' verbirgt sich keine Krankheit, sondern lediglich vergrößerte Fettzellen (eine stille Reserve für Schwangerschaft und Stillzeit), die sich durch die Bindehaut abzeichnen. Und die haben – ob Sie es glauben oder nicht – fast alle Frauen unabhängig von ihrer Konfektionsgröße. Gegen dieses weibliche Phänomen hilft keines der angepriesenen Wundermittel – weder Body-Wrapping, Saunahosen, Massagegeräte, Spezial-Gele und -Cremes noch Softlaser oder Lichttherapie. Mit Geduld und Ausdauer ‚ohne Ende' kriegen Sie sie jedoch klein, wenn Sie eine **halbe Stunde täglich Sport** treiben – etwa Schwimmen, Joggen oder Radfahren, das baut die Muskeln auf und steigert die Durchblutung im ganzen Gewebe; sich **fettarm und ballaststoffreich ernähren**; **ausreichend trinken**, zwei bis drei Liter am Tag, am besten Mineralwasser oder Leitungswasser; jeden Morgen mit dem Massagehandschuh den **Körper von Kopf bis Fuß abschrubbeln** und danach heiß-kalte Wechselduschen machen; **auf Diäten verzichten**, denn sie leiern die Haut aus; **nicht rauchen**, denn das beeinträchtigt die gesunde Durchblutung und schwächt das Bindegewebe.

8

# Machen Sie Dampf!

Nutzen Sie Sauna und Dampfbad, um Ihr Immunsystem und Ihren Stoffwechsel zu stimulieren. Der Wechsel zwischen leichter Überwärmung und Abkühlung tut dem gesamten Organismus wohl. Die feuchte Wärme ist gut für die Atemwege, die Flimmerhärchen werden gereinigt und auf Vordermann gebracht, die Nasenschleimhäute gut durchfeuchtet und durchblutet. Die Aufgüsse mit Kräutern regen den Kreislauf an und mobilisieren die Immunkräfte. Regelmäßiges Saunieren erhöht die Zahl der natürlichen Killer-Zellen im Blut. **Es baut Stresshormone ab, erhöht den Serotoninspiegel** (das ist das Hormon, das unter anderem für Entspannung und Schlaf zuständig ist), wirkt **entspannend, erfrischend und entschlackend**. Die Wärme wirkt wohltuend auf die Seele, der Atem wird ruhiger und tiefer. Nach Sauna oder Dampfbad schlafen Sie besser. Gönnen Sie sich ab und an vor der Sauna eine wohltuende Massage – am besten durch einen professionellen Masseur, dann entspannen Sie sich noch besser. Nach Sauna oder Dampfbad brauchen Sie sich nicht einzucremen, denn die Haut durchfeuchtet sich durch das Schwitzen selbst.

7

# 6 Schlick hemmt Entzündungen

Meerschlick wirkt vor allem durch seinen hohen Schwefel- und Salzgehalt. Er eignet sich zur Behandlung von:

**Gicht,**
**Ischias** und anderen Nervenbeschwerden,
**Gelenk- und Muskelerkrankungen,**
**Kreislaufstörungen,**
**Frauenleiden** (Störungen der Regelblutung, Wechseljahrsbeschwerden) und
hartnäckigem **Pilzbefall** von Haut und Nägeln.

Meerschlick können Sie für Bäder und Packungen verwenden: Die Packungen gibt es in unterschiedlichen Größen fertig zu kaufen. Sie können sie sowohl kalt (aktiviert die Körperkräfte) als auch warm (fördert die Entspannung) auflegen.
Die Behandlung sollte zehn bis zwanzig Minuten dauern. Die Schlickpackungen können Sie bis zu fünfmal verwenden.

6

# 5 Meersalz auf Ihrer Haut



**Bei Erschöpfung, Infektionsanfälligkeit und Hautproblemen helfen Ihnen Salzbäder aus dem Toten Meer.** Das mineralstoffreiche Salz ist in guten Drogerien, Reformhäusern und Apotheken erhältlich. **Es lindert Schuppenflechte und Neurodermitis.** Für eine Vier-Wochen-Kur brauchen Sie pro Bad etwa 150 Gramm Meersalz. Ausnahmsweise dürfen Sie bis zu dreimal pro Woche baden. Das erste Bad sollte nicht wärmer als 36 Grad sein und nicht länger als zehn Minuten dauern. Langsam bis auf zwanzig Minuten steigern. Die Haut quillt bei Salzbädern nicht so stark auf. Dadurch steigt die Temperatur etwas an und die Muskeln entspannen sich besser. **Ein Salzbad hilft auch bei Muskelkater**. Zusammen mit einem Tropfen Eukalyptusöl ist es bestens gegen eine drohende Erkältung geeignet. Salz nach dem Baden kurz abduschen.

Für ein Algenbad weichen Sie zwei Tassen Algen in acht Tassen Wasser für eine Viertelstunde ein. Dann köcheln Sie das Ganze eine halbe Stunde auf kleiner Flamme. Nun seihen Sie die Algen ab und geben das Kochwasser in Ihr Badewasser.

5

# Zu Hause geht auch Meer



Die Heilkraft des Meerwassers ist legendär. Sie können sich auch zu Hause in der Wanne mit Badezusätzen auf Meerwasserbasis verwöhnen – zum Beispiel mit einem Meersalzbad. Dabei wird die Hautstruktur gefestigt, denn das Meersalz entzieht dem Gewebe Wasser, das an der Hautoberfläche gebunden wird. Der Effekt: **Die Haut wird schön prall, der Stoffwechsel tourt angeregt durch den Körper**. Zusätzlich dringt das Antistressmittel Magnesium in den Körper ein und sorgt für ein entspanntes Körpergefühl. Wer mag, kann vorher noch ein Meersalzpeeling machen, das löst alte Hornschüppchen und öffnet die Poren.

Auch unter der Dusche können Sie die Power des Meeres genießen. Dazu brauchen Sie allerdings spezielle Präparate wie ein Ozean-Duschgel oder Meerestabs, die direkt in einen Duschkopf gegeben werden (Apotheke). Der feine Sprühnebel ist fast so gut wie ein Spaziergang am Meer, er versorgt den Körper mit Spurenelementen und reichert die Luft wie im Brandungssaum mit negativen Ionen an – Energie geladenen Sauerstoffteilchen, die auch an der See für gute Laune sorgen.

4

# 3 Zauberelixier Milch

Kleopatra badete gern in Eselsmilch. Dass sie damit richtig lag, bestätigt heute die Forschung: In Milch wurden Wachstumsfaktoren gefunden, die die Hautzellen dazu anregen, sich öfter zu teilen. **Dadurch wirkt die Haut jung und frisch**. Milchfett erhält den Schutzmantel der Haut, Milcheiweiß beruhigt und glättet trockene Haut, Milchsäure bindet Feuchtigkeit und wirkt wie ein Peeling, Vitamine und Mineralstoffe sollen den Kreislauf anregen. Für ein Vollbad sollten Sie sich zwei Liter Milch gönnen. Sie können auch Molke aus dem Reformhaus ins Badewasser gießen. Alternativ: Fünf Esslöffel reines Trink-Molke-Pulver. Molke schützt und stärkt den natürlichen Säureschutzmantel der Haut. Stutenmilch – als Granulat oder Badezusatz mit Milchkonzentrat – ist ebenfalls ein altes Schönheitsmittel, das seine wohltuende Wirkung entfaltet. Sie soll besonders gut für empfindliche Haut sein und Neurodermitis lindern. Ein solches fertig gekauftes Milchbad ist seifenfrei und reinigt mild.

*Als Zusatz zum Molkebad empfiehlt sich bei unreiner Haut Thymian, denn er enthält entzündungshemmende Wirkstoffe.*

3

# SPA – Gesundheit durch Wasser

Wer dazu neigt, selbst in Verwöhnstunden zu ungeduldig zu sein und sich beim Entspannen im Weg zu stehen, sollte einige Regeln beherzigen: **Treten Sie** in Ihr Badezimmer ein, als wäre es ein fremder Ort. Öffnen Sie all Ihre Sinne: Nehmen Sie die Düfte wahr, die Musik, das Licht der Kerzen, die Farben von Blumen und Handtüchern. **Sagen Sie** sich jetzt, dass Sie sich etwas Gutes tun wollen. Vor allem: Kein schlechtes Gewissen! Sie haben sich die Ruhe verdient. **Versuchen Sie** sich bewusst zu entspannen.

**Wenn Sie** an ein Problem denken müssen, nehmen Sie es zur Kenntnis, aber denken Sie nicht weiter darüber nach. Schieben Sie es einfach beiseite.

**Atmen Sie** tief durch. **Fangen Sie** immer mit einer gründlichen Ganzkörpermassage an. Damit schrubben Sie sich alle alten Hautpartikel ab und häuten sich symbolisch. Nach den weiteren Pflegeprozeduren sollten Sie warm eingekuschelt ruhen – egal ob auf dem Sofa, vor dem Kamin oder im Bett. Am besten wäre es, wenn Sie danach keine Termine oder Verabredungen mehr hätten.

**Schließen Sie** die Augen und genießen Sie Ihr wohliges Körpergefühl.

2

# 1 Verwandeln Sie Ihr Badezimmer in eine Beauty-Oase!

Wenn Sie mal so richtig abschalten wollen, gönnen Sie sich ein sinnliches Verwöhn-Programm. Schließen Sie die Tür ab, stellen Sie das Handy aus und verwandeln Sie Ihr Bad in einen Wassertempel:

Alle technischen Geräte sollten für die Zeit Ihres Ausspannens schweigen. **Zünden Sie** sich Ihre Lieblingsduftkerze an. **Schmücken Sie** Ihr Bad üppig mit Blumen – zumindest mit Seidenblumen, am liebsten aber mit Rosen (wenn es der Geldbeutel zulässt). Für Ihr Badewasser brauchen Sie eine Handvoll Rosenblätter. **Schalten Sie** das Licht aus oder drehen Sie rote oder orangefarbene Birnen in die Lampen. Auf alle Fälle sollte das Licht gedämpft sein. **Lassen Sie** im Hintergrund Wasserklänge oder Sphärenmusik spielen. **Gönnen Sie sich** einen Lieblingstee oder ein Glas Champagner.

Es sollte angenehm warm sein, denn sie dürfen keinesfalls frieren. Nun lassen Sie Badewasser mit einem Badezusatz ein, auf den Sie gerade Lust haben, und lassen sich einfach treiben.

1

# 50 Schauen Sie sich selbst liebevoll ins Gesicht!



Nehmen Sie sich in einer ruhigen Stunde die Zeit, Ihren Körper bewusst wahrzunehmen und ihm für sein Dasein zu danken: Stellen Sie sich vor einen Spiegel und schauen Sie sich mit den Augen eines Menschen an, der Sie sehr liebt. Sagen Sie Ihrem Spiegelbild, dass Sie es sehr mögen, es lieben, so wie es ist. Bleiben Sie mit den Augen nicht an den Stellen hängen, die Sie normalerweise nur kritisch beäugen. Lassen Sie Ihren Blick weiter schweifen. **Nehmen Sie Ihren Körper als Ganzes wahr – ist er nicht ein Wunderwerk?** Lächeln Sie sich aufmunternd zu: „Ja, das bin ich, so bin ich, so sehe ich aus!“ Bedanken Sie sich bei Ihrem Körper für das, was er bislang alles für Sie geleistet hat. Hat er ein Kind ausgetragen, Schwangerschaften erlebt, Geburten vollbracht, ein Kind genährt, gefährliche Abenteuer überstanden, sich von schwerer Krankheit erholt, Ihnen Stunden des Wohlbefindens und des Behagens geschenkt? Sicher sind Sie nicht immer gut mit ihm umgegangen, haben nicht ausreichend für seine Gesundheit gesorgt? Ihr Körper trägt Sie durch das Leben. Lieben Sie ihn dafür. Bedingungslos.

50

# 49 Bekämpfen Sie die Reizüberflutung!

Unser Gehirn ist überfüllt, vieles ist Müll. Denn täglich prasseln so viele Informationen auf uns ein und es werden immer mehr. Das Gehirn ist jedoch ein Fossil und mit dem Datenmüll überlastet. Das schwächt unseren klaren Blick und den Sinn für Prioritäten. Deshalb macht Sie ein gelegentlicher Kehraus frei für Neues.

**Tun Sie dafür… einfach einmal gar nichts.** Setzen Sie sich still hin und tun Sie nichts. Lassen Sie Ihren Atem kommen und gehen, ohne ihn bewusst zu steuern. Ihre Atmung funktioniert instinktiv. Bilder und Gedanken, die auftauchen, lassen Sie wieder gehen. Atmen Sie und schauen Sie zu, wie die Bruchstücke Ihrer Gedanken wie Wolken auftauchen und wieder davonschweben. Das innere Rumoren Ihrer Gedanken wird allmählich leiser und tritt in den Hintergrund. Wenn Ihnen dennoch Gedanken kommen, die den Himmel hartnäckig verdüstern, stellen Sie sich vor, wie Sie Stille einatmen und alle Gedanken, Bilder und Worte aus dem Mund hinauspusten.

49

# 48 Ein Lob der Dankbarkeit

Zum Nachdenken oder Meditieren eignet sich dieser Text von Louise L. Hay:

„Tief im Kern meines Wesens gibt es eine unendliche Quelle der Dankbarkeit. Ich lasse jetzt zu, dass diese Dankbarkeit mein Herz, mein Bewusstsein, meinen Verstand, mein Wesen erfüllt. Diese Dankbarkeit strahlt von mir in alle Richtungen, sie berührt alles in meiner Welt und kehrt zurück zu mir. Um meine Dankbarkeit zu mehren. **Je mehr Dankbarkeit ich empfinde, desto bewusster wird mir, dass ich über einen unerschöpflichen Vorrat verfüge.** Wenn ich mich dankbar erweise, fühle ich mich gut. Dankbarkeit ist ein Ausdruck meiner inneren Freude. Sie ist eine warme Kuscheldecke in meinem Leben ...

Ich bin dankbar für alle meine Erfahrungen in der Vergangenheit, denn ich weiß, dass sie ein Teil des Wachstums meiner Seele waren. Ich bin dankbar für heute, und ich bin dankbar für die Tage, die kommen werden. Ich bin dankbar für das Leben, jetzt und immerdar."

48

# 47 Fenster zur Wahrheit



Meditiert wird im Zen-Buddhismus über so genannte Koans. Das sind Zen-Aussprüche oder Fragen, die meist scheinbar sinnlos sind, aber zu innerer Einkehr und einer höheren Erkenntnis führen können. Zum Beispiel:

**Sich finden heißt sich verlieren.***

Das gesondert und für sich selbst existierende Wesen, für das wir uns halten, sind wir in Wahrheit nicht. Unser wahres Selbst finden wir nur, wenn wir uns nicht länger mit diesem eingebildeten, von allem anderen getrennten Ich identifizieren. In allem egozentrischen Verhalten dienen wir dem eingebildeten Ego-Ich; durch selbstloses Handeln erwecken wir unser wahres Buddha-Wesen.

Selbstlosigkeit ist der spirituelle Pfad, auf dem wir unser Gefühl der Getrenntheit überwinden und die Einheit alles Existierenden erleben können. Für Buddhisten ist Erleuchtung nichts, was man für sich selbst sucht, sondern sie stellt sich wie von selbst ein, wenn man sich anderen gibt.

* Aus: Timothy Freke, **Die Zen Koan Box**

47

# Gönnen Sie Ihrem Gehirn Herausforderungen!

**Nehmen Sie nicht immer den gleichen Weg zur Arbeit**, gehen Sie immer mal wieder andere Wege, benutzen Sie andere Verkehrsmittel, mal das Auto, mal das Fahrrad, mal die Füße. Versuchen Sie dabei Geräusche und Gerüche bewusst wahrzunehmen und sich so eine Art innerer Landkarte davon zu erstellen. Ihr Gehirn muss sich dabei ganz flexibel auf neue Eindrücke und mögliche Gefahren einstellen. Das macht ihm Beine.

**Verändern Sie ab und zu Ihre Tagesabläufe**. Lesen Sie die Post zu einem anderen Zeitpunkt, trinken Sie Ihren Kaffee oder Tee zu einer anderen Stunde, wechseln Sie Ihre Kantinenzeiten, verlegen Sie Termine auf andere Tage. Das erhöht die Aufmerksamkeit Ihres Gehirns.

**Verändern Sie die Farben in Ihrer Wohnung**. Schon winzige Farbänderungen geben Ihrem Gehirn ein anderes Gefühl.

46

# Gönnen Sie der Nacht Ihre Ruhe!



**Schlafen Sie** möglichst dunkel und entfernen Sie alle elektrischen Geräte aus dem Schlafzimmer.
**Essen Sie nicht** so schwer zu Abend und auch nicht mehr direkt vor dem Schlafengehen.
**Verzichten Sie** auch auf Kaffee, zu viel Alkohol, Nikotin und treiben Sie drei Stunden vor dem Schlafengehen keinen Sport mehr.
**Nehmen Sie** lieber ein Entspannungsbad oder hören Sie etwas besinnliche Musik.
**Lassen Sie** möglichst auch das Fernsehgerät ausgeschaltet.
**Gehen Sie** schlafen, wenn Sie wirklich müde sind. Können Sie nicht einschlafen, sollten Sie wieder aufstehen, Musik hören oder lesen, bis Sie wieder müde sind.

*Spezialtee gegen innere Unruhe und Schlafstörungen: Mischen Sie Rosmarin und Weißdornblüten zu gleichen Teilen und übergießen Sie zwei Löffel von dieser Mischung mit kochendem Wasser. Fünf Minuten ziehen lassen, dann abseihen. Süßen Sie den Tee nach Geschmack mit Honig und trinken Sie täglich zwei Tassen davon.*

45

# Halten Sie Ihren Geist auf Trab!

Wissensdurst, Neugierde, Aufgeschlossenheit gegenüber Neuem, Visionen entwickeln zu können – all dies sind wichtige Voraussetzungen für ein langes und gutes Leben. Speziell Frauen leben länger, wenn sie geistig interessiert sind. Studien ergaben, dass sich bei Frauen die ausschließliche Konzentration auf die Familie eher lebensverkürzend, bei Männern dagegen eher lebensverlängernd auswirkt.

**Produktive Tätigkeiten begünstigen die Lebensdauer**. Eine aufgeschlossene Haltung gegenüber dem Leben, seinen Herausforderungen und dem Denken wirkt sich positiv aus. Wird das Gehirn nicht genutzt, erlahmt es. Jeder neue Reiz, jede Sinneswahrnehmung verdichtet das Netz der Nervenbahnen, hält unser Gehirn flexibel und lernbereit.

Deshalb leben Sie Ihr Leben mit offenen Augen!

44

Sylvia Schneider

# slow & relaxed

Die 50 besten
Entspannungs-Tipps

moses.

## Impressum

Illustration | Titelillustration Susanne Bochem.
Layout | Titelgestaltung | Typografie | Satz
Stephanie Dünhölter.
Lektorat Nicola Berger.
Redaktion Tanja Mues.

ISBN 3-89777-208-6



moses. Verlag GmbH
Arnoldstraße 13d
47906 Kempen
*Fon* 0 21 52 . 20 98 50
*Fax* 0 21 52 . 20 98 60
*Mail* info@moses-verlag.de
www.moses-verlag.de

*Printed in China*

## Der Atem des Lebens liegt in der Luft

„Wer nach der Schönheit sucht, findet sie in sich selbst!" So lautet eine alte chinesische Weisheit. Die Quelle von Schönheit und Vitalität wird gespeist von der Lebensenergie. Wenn sie im Körper ausgewogen und harmonisch fließen kann, dann fühlen wir uns gesund, entspannt, innerlich und äußerlich rund. Damit der ‚Atem des Lebens' – wie die Chinesen die Lebensenergie nennen, richtig fließen kann, brauchen wir nicht nur aktive Zeiten, sondern auch Phasen, in denen wir unsere Energiespeicher wieder auftanken können. In denen wir nicht nur unseren Körper, sondern auch unsere Seele pflegen. In denen wir unser atemberaubendes Tempo anhalten, um den Atem des Lebens zu spüren.

SLOW&RELAXED

In unserer hektischen Zeit sind ausgedehnte Entspannungs- und Besinnungsphasen ein Luxus, den wir uns nur selten leisten können. Umso wichtiger ist es, dass Sie sich kleine Wohlfühloasen schaffen, in denen Sie innehalten und sich etwas Gutes tun können. Schenken Sie sich selbst mehr Zeit für kleine Pausen.
Die slow&relaxed-Karten helfen Ihnen dabei.

## Die Autorin

SLOW&RELAXED

**Sylvia Schneider**, von Haus aus Oecothrophologin und Kommunikationswissenschaftlerin, war viele Jahre leitende Redakteurin des Ressorts Wissenschaft und Medizin großer Hamburger Medien. Heute ist sie Chefredakteurin von ‚Gesundheit für Frauen' und ‚Gesund essen und genießen'. Daneben hat sie etliche Bücher für Frauen geschrieben – Schwerpunkt: Wohlfühlen.

Sylvia Schneider entspannt sich selbst am liebsten bei Massagen, in der Sauna, im Dampfbad und beim Wandern an der frischen Luft. Sie lebt in Eckernförde an der Ostsee.

## Die heilende Kraft der Berührung

Schon als Babys lechzen wir nach Berührung, denn sie vermittelt uns Zärtlichkeit und Geborgenheit. Sie ist Nahrung für Leib und Seele. Sie löst körperliche und seelische Verspannungen. Damit Ihre Energie wieder frei fließen kann und Sie von neuer Kraft erfüllt werden, bieten Ihnen die slow & relaxed-Karten eine Menge Anregungen zur Berührung mit Körper und Seele, zur Selbstbesinnung.

SLOW&RELAXED

Dabei haben wir uns vor allem von den verschiedenen über 2000 Jahre alten fernöstlichen Heilphilosophien inspirieren lassen. Denn sie geben der Sehnsucht des modernen Menschen nach einer Einbettung in das große Ganze und nach verlässlichen Wegen zu einem besseren Lebensgefühl ein Zuhause. Die meisten von ihnen umfassen eine achtsamere geistige Lebenshaltung, Körper- und Atemtraining, Ernährungsvorschriften, Tipps für einen anderen Umgang mit der Zeit, Meditationen und spirituelle Übungen. Dies alles soll uns Menschen zu mehr innerer Harmonie führen und Körper, Geist und Seele in Einklang bringen.

## slow&relaxed: Das ist eine Lebenshaltung!

Stress, Hektik, Zeitdruck – wer von uns stöhnt nicht mehr oder weniger häufig darüber? Laufend klingelt das Telefon, rappelt das Fax, piept der Computer. Ein Termin jagt den nächsten. Auf dem Schreibtisch türmen sich Aktenberge, die Kinder müssen in einer Stunde vom Kindergarten abgeholt werden, vorher schnell noch die Konferenz, der Einkauf ... Immer mit der Ruhe? Geht gar nicht, sagen Sie? Doch! Mit den slow&relaxed-Karten finden Sie Ihre Nischen für eine kleine Portion Muße und Besinnung. Die Karten sind ein magisches Spielzeug, das Sie überallhin begleiten kann.

SLOW&RELAXED

Auch wenn Sie Ihre Welt nicht ändern können – und wahrscheinlich auch gar nicht ändern wollen – sorgen Sie regelmäßig für Harmonie und Ausgleich. Gönnen Sie sich den Luxus der kleinen Streicheleinheiten für Körper und Seele. Lernen Sie die Kunst, für eine kurze Weile die Zeit anzuhalten und aus dem Alltagstrott auszusteigen. Das ist die Quelle für den ‚Atem des Lebens' und letztlich für das Lebensglück.

Das ist die Lebenshaltung, die Ihnen gebührt.

Sie können lernen, das Wohltuende in sich zu kräftigen und das Negative im Leben zu schwächen, körperliche und seelische Durchhänger aufzufangen, Lebenslust und gute Laune zu fördern. Ihre Ausstrahlung wird Ihnen diese Selbstpflege danken.

Bewegungstraining? Entspannungspraktiken? Massagegriffe? Körperpflege? Meditationen? Wann Sie sich darum kümmern sollen? Jetzt! Nachher!! Zwischendurch!! Nehmen Sie sich Zeit für ein kurzes Rendezvous mit sich selbst! In den slow&relaxed-Karten finden Sie alles, was Sie für kleine Pausen im Alltag brauchen:

SLOW&RELAXED

**Relaxen im Home-Spa** Karten 1 bis 10
*Entspannung mit Wasser & Dampf*
**Schonkur für Ihre Nerven** Karten 11 bis 20
*Ätherische Öle & Kräuter*
**Selbst gerührt und nicht geschüttelt**
Karten 21 bis 30
*Anti-Stress-Wunder aus der Küche*
**Der inneren Balance auf der Spur**
Karten 31 bis 40
*Mehr Gelassenheit mit Yoga & Co*
**Heilsame Langsamkeit** Karten 41 bis 50
*Achtsamkeit und Entschleunigung*

## Die Kraft der Langsamkeit

Treffen sich alle Ihre Sinne auf Entspannungsfrequenz, kann sich das Herz öffnen und der Geist in andere Sphären entschweben. Schenken Sie Ihrer Nase besänftigende Aromen, lassen Sie Ihre Ohren sanften Klängen lauschen. Wenn Ihre Lebensenergie gleichmäßig ohne Blockaden durch den Körper strömt, findet die Seele ihren Hafen. Mit den langsamen und konzentrierten Bewegungen laden wir die Akkus auf und harmonisieren unsere Stimmungslage. Ob in der Badewanne, an der frischen Luft, ob mit Yoga oder Entspannungsmasken, ob mit Selbstbesinnungsübungen oder Minimeditationen – helfen Sie Ihrer Körperenergie, in geordneten Bahnen durch den Körper zu fließen. Kein hektisches Gezappel, sondern sanfte langsame Bewegungen, keine lauten Töne, sondern das leise Plätschern von Wasser oder Sphärenklängen, nicht der Blick nach außen, sondern der nach innen zählt.

Mit den slow&relaxed-Karten können Sie Ihre Kräfte anzapfen, wo und wann Ihnen danach ist. Mischen Sie sich Ihren Relax-Mix immer wieder neu.

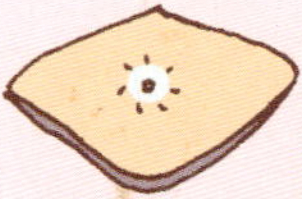

SLOW&RELAXED